DOCUMENTS

SUR

LA VILLE DE ROYAN

ET

LA TOUR DE CORDOUAN

(1786-1789)

RECUEILLIS

PAR GUSTAVE LABAT

DE L'ACADÉMIE DE BORDEAUX

CINQUIÈME RECUEIL

BORDEAUX

IMPRIMERIE G. GOUNOUILHOU

9-11, RUE GUIRAUDE, 9-11

1901

DOCUMENTS

SUR

LA VILLE DE ROYAN

ET

LA TOUR DE CORDOUAN

(1786-1789)

RECUEILLIS

Par Gustave LABAT

DE L'ACADÉMIE DE BORDEAUX

CINQUIÈME RECUEIL

BORDEAUX

IMPRIMERIE G. GOUNOUILHOU

9-11, RUE GUIRAUDE, 9-11

1901

DOCUMENTS

SUR

ROYAN ET LA TOUR DE CORDOUAN

(1786-1789)

> « ... On ne connaît pas assez Cordouan,
> ce martyr des mers... »
>
> (MICHELET, *la Mer*.)

M. Henri Wallon, membre de la Chambre de commerce de Rouen, a fait, dans sa belle et intéressante publication sur les Phares de la Normandie (¹), un emprunt d'une certaine importance à mes quatre recueils de documents sur la tour de Cordouan, et, à ce sujet, m'a signalé l'existence, au Dépôt des cartes et plans de la marine, à Paris, de pièces concernant ce vénérable phare, sentinelle avancée de notre beau fleuve, qui m'étaient complètement inconnues.

Ce sont ces documents que je donne aujourd'hui, grâce à la bienveillance de M. le Ministre de la marine et à l'empressement de M. Léon Buteux, archiviste du Service hydrographique, qui a bien voulu m'en fournir les copies.

Le dossier se compose de diverses pièces relatives à l'exhaussement de la tour de Loys de Foix et à l'établissement de son feu; mais celle qui, entre toutes, est d'une inestimable valeur, est le second mémoire de l'ingénieur Joseph Teulère, du 23 juin 1787, accompagné de l'approbation du célèbre Borda, qu'on ne trouvait nulle part, qu'on croyait perdu et qui

---

(¹) *Les Phares établis sur les côtes maritimes de la Normandie par la Chambre de commerce de Rouen et administrés par elle de 1773 à 1791 et leur transformation au XIX° siècle*. Rouen, librairie Lestringant, 11, rue Jeanne-d'Arc.

décida le Ministre de la marine à ordonner les travaux de surhaussement de la tour, exécutés par Teulère dans les années 1788 et 1789.

J'ai été très heureux de faire profiter les premiers mes collègues de la Société des Archives historiques de la Gironde de ces documents inédits, qu'ils m'ont fait l'honneur d'insérer dans le XXXVI° volume des publications de la Société.

Bordeaux, novembre 1901.

---

20 Décembre 1786. **REQUÊTE des consuls étrangers, en résidence à Bordeaux, à la Chambre de commerce, pour demander que l'éclairage du feu de Cordouan soit amélioré.**

Archives départementales, C, 4355.

Lettre de Messieurs les Consuls des puissances étrangères résidant à Bordeaux à Messieurs les Directeurs de la Chambre de commerce de ladite ville relativement au feu de la tour de Cordouan.

Messieurs,

Les capitaines de plusieurs navires étrangers ont rapporté que les dangers auxquels ils sont exposés à l'embouchure de la Garonne et la multiplicité de naufrages, qui y sont survenus depuis peu, proviennent principalement de l'altération du feu de la tour de Cordouan ; quelques-uns en ont même fait leur déclaration au greffe de l'Amirauté de Guienne.

Ce feu étoit alimenté autrefois par du charbon minéral, dont la lumière perçoit au travers des brouillards, précisément dans le tems où ce signal devient le plus utile ; au lieu que les reverbères, qu'on a substitués depuis peu au charbon, s'éteignent souvent en partie et d'ailleurs dans leur plus grande activité ne fournissent absolument aucune lumière, lorsque les brouillards s'élèvent sur la mer.

Nous sommes bien persuadés, Messieurs, que si les navigateurs françois ont eu des occasions de vous communiquer la même observation, elle aura excité votre zèle pour l'intérêt général de l'humanité et d'une navigation aussi fréquentée par toutes les nations.

Nous vous prions, Messieurs, de joindre vos représentations aux nôtres et nous serions bien flattés, si vous vouliés nous faire part des démarches que vous croirés nécessaires pour l'avantage commun.

Nous attendons donc l'honneur de votre réponse et avons celui d'être avec la plus parfaite considération, Messieurs, vos très humbles et très obéissants serviteurs.

Bordeaux, le 20 décembre 1786.

De BETHMAN, *consul impérial-royal;* WITHFOOTH, *consul général de Russie;* BORGAARD, *consul de Danemark;* HARMENSEN, *consul général de Suède.*

En l'absence et par procuration de M. le Commissaire de LL. HH. PP. Meyer : R. AMSINCK.

A Messieurs les Président et Directeurs de la Chambre de commerce de Bordeaux.

PROJET d'exhaussement de la tour de Cordouan, dressé par Teulère.   23 Juin 1787.

Archives du *Ministère de la marine*, service hydrographique, carton 31, cote 27 ([1]).

Mémoire sur les moyens de rendre la tour de Cordouan plus utile à la navigation et l'entrée de la Gironde d'un accès moins difficile,

Par M. Teulère, architecte de l'Académie des arts de Bordeaux, faisant fonction d'ingénieur des bâtiments civils de la marine, servant en ce port;

Proposé par M. Prévost de La Croix, commissaire général des ports et arsenaux de la marine, ordonnateur au département de Bordeaux et Bayonne.

([1]) Tous les documents qui suivent ont la même provenance.

TOUR DE CORDOUAN

Projet d'exhaussement, année 1787.

Monseigneur le maréchal de Castries, après avoir fait examiner mon projet de reconstruction pour la tour de Cordouan, proposé par M. Prévost de La Croix, en août 1786, s'est déterminé à faire un exhaussement à cette tour pour la rendre plus utile à la navigation; m'ayant fait l'honneur de me faire adresser ce nouveau projet pour avoir mon avis, j'ay cru devoir commencer par décrire l'entrée de la rivière, les principaux écueils qui l'obstruent et la hauteur des brisans que ces écueils occasionnent, afin de mettre le Ministre en état de prononcer sur la hauteur que cet établissement précieux doit avoir pour être aperçu au delà des dangers malgré l'élévation des lames et brisans de la mer.

En conséquence, je joins au mémoire la carte de l'entrée de la Gironde, levée par M. de Kearny (¹), et une coupe prise N.-N.-O. et S.-S.-E. depuis l'extrémité du grand banc des Anes, jusqu'à la côte Médoc passant par la tour de Cordouan.

« Sur le banc très dangereux de Rochebonne, situé à peu près par
» la latitude de Cordouan, on pourroit (dit M. de Kearny) attaquer
» la rivière *E. et O. et venir reconnoitre la tour à une lieue et demie
» de distance*, et de là, prendre les passes de la Grave et du Matte-
» lier suivant les vents, les courants et l'heure de la marée; mais la
» position de ce rocher contraint de le faire par le Sud ou par le
» Nord.

» Par le Sud en élongeant les côtes d'Espagne et d'Arcasson on
» atterre dans cette partie, à trois lieues de distance de la tour de
» Cordouan.

(¹) De Kearny, capitaine des frégates du Roy, chevalier de l'ordre royal et militaire de Saint-Louis, auteur de la carte des *Entrées et cours de la Gironde depuis son embouchure jusqu'à Blaye*, M D CC LXVII. — M. de Kearny était en 1770 attaché au poste de Rochefort.

» Par le Nord on atterre sur Belle-Isle et l'Isle-Dieu ; on vient
» chercher l'entrée de la rivière et l'on rencontre le grand banc des
» Anes, qui s'étend à près de six lieues de la tour, ce qui rend
» l'attérage périlleux.
» Ce banc couvre N.-N.-E. et S.-S.-O., il a quatre lieues et demie
» de longueur sur plus de deux lieues de largeur ; il renferme dans
» son volume les bancs que les pilotes appellent La Cuivre et La
» Coubre ainsi que plusieurs mistillons répandus de côté et d'autres
» sur la totalité du banc, lesquels brisent pour peu que la mer soit
» grosse ; et lorsqu'elle est agitée ce banc brise dans toute son
» étendue. »

Les lames du Sud et du Nord venant à se rencontrer sur les bancs de La Cuivre et de La Coubre s'élèvent de vingt-cinq à trente pieds, se brisent à cette hauteur et retombent en écume ; les extrémités supérieures de ces brisans se dispersent dans l'atmosphère et retombent en pluye ; ce qui doit considérablement obscurcir la vue du phare.

A la tour de Cordouan où j'étais à portée de faire des observations exactes, j'ay vu les brisans sur le gros sable près de cette tour, s'élever très souvent de vingt, trente et même quarante pieds de hauteur, malgré que les lames eussent été interrompues par une infinité d'écueils, avant de se trouver en opposition sur ce sable.

Sur les bords de La Cuivre et de La Coubre les lames plus libres doivent produire un choc plus considérable ; et par conséquent s'élever davantage.

Malgré ces considérations, j'ay supposé dans les calculs que la hauteur moyenne des brisans n'éxcède pas vingt-quatre pieds ; car lorsqu'ils sont à ce point, ou qu'ils excèdent, ce qui a lieu lorsque les vents du large sont forts, ou par une brume sèche, qui creuse subitement la mer plus que les plus furieux coups de vent, la mer n'est plus qu'une chaine de brisans depuis l'extrémité du banc des Anes au Nord, jusqu'à l'extrémité du banc des Olives au Sud ; il est donc alors impossible d'entrer en rivière ! Le tenter sans une nécessité absolue, c'est vouloir périr.

Ces cas ne sont pas rares en hyver ; mais ils se font sentir au large; on n'approche pas, on fait en sorte de relacher sur les côtes de France ou d'Espagne s'il en est tems encore.

Nous ne pouvons pas élever la tour de Cordouan pour ces cas extrêmes; cherchons les moyens d'indiquer la hauteur qu'il convient indispensablement de lui donner, pour qu'elle soit aperçue au delà des dangers, même dans un tems forcé; mais pas assez pourtant pour fermer totalement les approches.

Pour parvenir à fixer cette hauteur indispensable j'établis que les bancs de La Cuivre et de La Coubre sur le grand banc des Anes, sont à dix mille toises de la tour, et qu'à ce point, qui est le plus élevé, la rencontre des lames du Nord et du Sud forment par leur choc une élévation de vingt-quatre pieds. Dans cette supposition, la tour n'aura la hauteur nécessaire que lorsqu'un pilote monté sur un bâtiment pourra voir le phare par-dessus les brisans les plus élevés, et qu'il sera lui-même à quelque distance de ces écueils terribles, soit pour choisir la passe ou pour louvoyer avant d'être affalé sur les dangers ou à la côte.

Dans mes essais ou observations sur les reverbères en général, j'ay démontré que le phare de Cordouan, élevé de vingt-deux toises au-dessus de la surface de la mer, se perd à l'horizon dans un éloignement de onze mille neuf cent quatre-vingt-treize toises (¹) (11,993); appliquant cette démonstration aux divers cas dont il s'agit, on trouvera que le centre du feu de Cordouan n'étant élevé dans l'état actuel, que de vingt et une toises trois pieds au-dessus de la surface de la mer, prise à demi-marée, un pilote dans sa petite chaloupe commencera à le perdre de vue dans un éloignement de onze mille huit cent cinquante-six toises (²) (11,856).

Le grand banc des Anes s'étend jusqu'au delà de treize mille toises suivant la carte ci-jointe; le feu de Cordouan se perd donc à l'horizon au milieu des dangers, en venant l'attaquer par le Nord. J'ay dit que les brisans les plus élevés dans cette passe sont sur les

(¹) Ou 4 lieues 1/7.
(²) Ou 4 lieues 1/5; ce calcul est vrai géométriquement parlant en faisant abstraction de la réfraction.

bancs de La Cuivre et de La Coubre, éloignés à dix mille toises de la tour. Ce point se trouve de trois pieds deux pouces au-dessous de la ligne, qui de la surface de la mer se dirige au centre du feu de la tour de Cordouan, attendu qu'il est plus rapproché de cette tour que le point où le phare se perd à l'horizon de mille huit cent cinquante-six toises (1,856).

Si les lames s'élèvent à vingt-quatre pieds, un pilote dans sa petite chaloupe est barré par des brisans de vingt pieds dix pouces de hauteur; monté sur un navire, il est élevé d'environ douze pieds au-dessus de la surface de la mer, ce qui dans un beau tems lui permet de voir la tour à quinze mille quatre cent soixante-douze toises (¹) (15,472) de distance; mais lorsque la mer est agitée, cet avantage ne lui sert de rien, car il est encore derrière un rempart d'eau de huit pieds dix pouces plus élevé que lui, par rapport au phare; il lui est donc impossible de voir cette tour! Où prendra-t-il sa route, puisqu'il est privé de l'unique ressource qu'il ait à espérer pour se diriger.

On me dira peut-être que le tangage au delà des brisans élève le navire au-dessus de la surface de la mer, et que cette élévation jointe à la hauteur du navire et du pilote fait apercevoir alternativement le phare; que ces considérations essentielles n'entrent pour rien dans mon calcul, je réponds à cela que cet avantage alternatif est d'un bien faible secours et qu'il devient nul par les embrumes de l'extrémité supérieure des brisans, que d'ailleurs ne pouvant pas approcher jusqu'au point où le phare se perd à l'horizon sans être sur les dangers, toutes les distances au delà de ce point sont au-dessous de la tangente, qui de la surface de la mer se dirige au centre du phare, ce qui rend nul ou même négatif ce prétendu avantage.

Un matelot monté sur les hunes réputé élevé de quarante-huit pieds au-dessus de la surface de la mer, peut voir le feu dans l'état actuel, par un beau temps, à dix-neuf mille quatre-vingt-huit toises

(¹) Ou 5 lieues 1/2 environ.

(19,088) de distance ou six lieues 2/3, et lorsque la mer est agitée, à dix-sept mille deux cent quatre-vingt toises (17,280) seulement ; c'est cela sans doute que les pilotes ont entendu lorsqu'ils ont dit que le feu à charbon paroissoit de six à sept lieues en mer ; mais cette reconnoissance du feu ou de la tour, supposé que le matelot sache la faire, ne sert qu'à annoncer les approches de la terre, elle ne sert de rien au pilote, qui ne doit s'en rapporter qu'à ses yeux.

Il est donc évidemment prouvé que la tour est trop basse pour un navire qui vient attaquer la rivière par le nord.

Voyons maintenant si une élévation de trente pieds de plus sera suffisante, le feu sera alors élevé de vingt-six toises trois pieds au-dessus de la surface de la mer ; un pilote, dans sa chaloupe, ne commencera à le perdre de vue qu'à treize mille cent soixante-deux toises (13,162) de distance, ou quatre lieues 2/3 environ ; le point le plus élevé des brisans de La Cuivre et de La Coubre sera de huit pieds neuf pouces au-dessous de la ligne qui, de la surface de la mer, se dirige au centre du feu.

La lame s'élevant toujours à vingt-quatre pieds, des brisans de quinze pieds trois pouces de hauteur cacheront la tour au pilote, et, lorsqu'il sera monté à bord d'un navire, ce qui l'élèvera de douze pieds au-dessus de la surface de la mer, les lames seront encore plus élevées que lui, par rapport au phare, de trois pieds trois pouces ; il ne verra donc pas cette tour et il sera, en outre, sur les dangers, puisque le banc des Anes s'étend au moins à cette distance.

Cette surélévation n'est donc point suffisante pour obtenir l'effet désiré, car il faut non seulement que le pilote voye le feu aux approches des dangers, mais encore qu'il ait un espace à pouvoir s'élever, soit des bancs, soit de la côte, attendu que les courants l'entraînent rapidement sur les écueils ou vers Maumusson, qui est très dangereux.

Supposons que la tour soit élevée de quarante-cinq pieds de plus, au lieu de trente pieds, alors le pilote, dans sa chaloupe, verra ce feu dans un tems calme, jusqu'à treize mille sept cent soixante-neuf (13,769) toises, ou quatre lieues 3/4 et deux cent dix-sept (217) toises de distance. Le point le plus élevé des brisans de La Cuivre et de

La Coubre sera treize pieds au-dessus de la tangente imaginée de la surface de la mer au centre du phare; le pilote à bord d'un batiment élevé de douze pieds au-dessus de la surface de la mer, dominera d'un pied sur les brisans les plus élevés et il sera éloigné des accores du grand banc des Anes, suivant la carte cy-jointe, d'environ six à sept cents toises, il pourra donc choisir la passe; mais il sera encore très gêné pour louvoyer, s'il est nécessaire; il est vrai que dans les mers moins agitées, il aura plus d'espace puisque dans le calme il apercevra la tour à dix sept mille trois cent quatre-vingt-une (17,381) toises.

En juin, juillet et août 1784 je fis des observations sur le lieu et un projet d'exhaussement pour cette tour de soixante pieds de plus qui fut approuvé par M. l'Ordonnateur, mais dont la proposition au Ministre fut remise à un autre tems; alors le phare auroit été aperçu à quatorze mille trois cent cinquante (14,350) toises, ou cinq lieues. Le point élevé des brisans de La Cuivre et de La Coubre seroit à dix-sept pieds quatre pouces au-dessus de la tangente, et un pilote, à bord d'un bâtiment, se seroit trouvé de six pieds plus élevé que les brisans, il auroit eu un espace de douze à treize cents toises pour éviter les écueils et s'élever de la côte, les lames auroient donc pu briser jusqu'à trente pieds de hauteur sans empêcher le pilote de donner dans les passes par un cas forcé; dans le calme ce pilote auroit reconnu la tour à dix sept mille neuf cent soixante-six (17,966) toises, ou six lieues 1/2 et cent soixante-quinze toises, et un matelot en vigie à vingt un mille cinq cent quatre-vingt-deux (21,582) toises, ou sept lieues 1/2 et cent quatre-vingt-cinq toises, et lors d'une mer agitée à vingt un mille quarante (21,040) toises seulement.

Élever cette tour de soixante pieds seroit un avantage inappréciable pour le bien du commerce et le salut des marins; mais il paroit indispensable de l'élever au moins de quarante-cinq pieds.

Je suis entré dans tous ces détails pour mettre le respectable savant [1] qui a fait sentir la nécessité d'élever ce phare, à portée

---

[1] Le chevalier de Borda, chef de division, inspecteur des constructions de la marine.

d'apprécier les avantages que l'humanité doit retirer de cet établissement, lorsqu'il aura une hauteur convenable.

La crainte de la dépense, qui ira tout au plus à 227,973 l. 13 s. 9 d., ne doit pas prévaloir sur un bien qui se fera sentir de suite et dont la postérité ne cessera de recueillir les fruits.

Cette dépense devra nécessairement être distribuée sur plusieurs années, et, par conséquent, faciliter le moyen d'exécution, car il est indispensable de faire ce travail dans une campagne; le défaut d'espace ne permet pas d'avoir une grande quantité de matériaux, ni les approches très difficiles de la tour de les y transporter, et, par la même raison, d'avoir un grand nombre d'ouvriers, car on seroit exposé non seulement à ne pouvoir pas les loger, mais encore à les nourrir très souvent sans pouvoir les employer; quarante ou cinquante ouvriers au plus bien choisis suffisent; un plus grand nombre s'embarrasseroient, cet exhaussement ne pourroit donc se faire qu'en trois ou quatre années.

S'il est indispensable d'élever la tour de Cordouan pour la rendre plus utile à la navigation, la vérification de la carte de M. de Kearny, soit par rapport aux passes à prendre, aux écueils à éviter et aux balises de la côte à reconnoître, n'est pas moins utile pour diriger un capitaine qui se trouve forcé d'entrer sans pilote.

L'ouvrage de M. de Kearny sur l'entrée de la Gironde, malgré les erreurs qui s'y sont glissées et qu'il n'a pu éviter, est *un chef-d'œuvre* d'autant plus précieux que l'auteur s'est exposé à mille dangers pour le produire; les balises de la côte ont été établies d'après ses savantes observations; on auroit rien à désirer sur cette partie s'il avoit eu plus de tems pour faire son travail et si les vigies ou remarques des deux côtes avoient été établies sous ses yeux.

Ce n'est qu'avec regret qu'il a laissé son ouvrage imparfait; il dit que les opérations « ont été nécessairement soumises aux » inconvénients d'une chaloupe portée rapidement par les cou-» rants et dont le mouvement convulsif, occasionné par la grosse » mer qui règne parmi les bancs, s'est communiqué aux instru-» ments avec lesquels il opéroit et principalement à la boussole »;

il recommande expressément de vérifier sa carte avant de la rendre publique.

Cette vérification me paroit d'autant plus indispensable que la place des balises n'a pas été marquée par M. de Kearny, puisqu'elles ne répondent pas aux passes à prendre, et que rien n'indique l'ouverture de l'angle qu'elles doivent former entr'elles lorsqu'on est sur la vraie route.

Les pilotes lamaneurs les reconnoissent sans doute; mais ce n'est pas assez, car il faut qu'un capitaine, privé de pilote, qui voit un naufrage certain pour lui s'il reste aux atterrages, puisse se présenter avec confiance à la vue des marques à terre et donner dans les passes, malgré les dangers qui l'entourent.

Depuis la chute de la balise de la pointe de Graves en 1780 jusqu'à la chute de celle de la pointe de La Coubre, sur le bord de la mer en 1785, j'ai parcouru toutes les passes et visité tous les écueils, j'ai trouvé des erreurs par rapport aux balises de la côte, et principalement à celles de la pointe de La Coubre.

Suivant la carte de M. de Kearny, en prenant ces deux tours l'une par l'autre, je devois être au milieu de la passe de Mattelier et être par conséquent éloigné de demi-lieue du banc de La Cuivre; voyant que cela étoit faux, je demandai au pilote de faire route au Nord jusqu'à la rencontre de ces deux tours l'une par l'autre, cette rencontre n'eut lieu qu'au milieu du banc de La Cuivre, où la mer est très agitée, même par le plus beau tems possible.

Je vis alors que la tour sur les dunes devoit être ouverte à l'Est de celle du bord de la mer de la largeur d'une voile pour être dans la passe du Mattelier, les pilotes lamaneurs le savent; mais les marins qui ne sont pas pratiques de la rivière ne le savent pas, ou ces balises ne leur servent de rien ou les induisent à erreur faute de carte et de renseignements exacts.

La tour en pierre que l'on construit actuellement à la pointe de La Coubre, pour remplacer celle en bois renversée par le vent en 1785, sera dans la direction que M. de Kearny avoit indiquée; le procès-verbal qui constate l'opération relative à ce rétablissement, que nous avons faite, le Commissaire des classes de la marine à Royan et moi, accompagnés de six pilotes lamaneurs, en juin 1785, est déposé à la Chambre de commerce de Bordeaux.

Pour la passe du défaut du banc (ou du demi-banc) au Nord de Cordouan, les pilotes prennent la tour de la pointe de La Coubre, sur le bord de la mer par le troisième terrier de sable dans la bonnance; c'est encore une remarque uniquement pour eux; il faudroit, pour que cette remarque fût utile aux marins en général, que ce terrier fût balisé par un simple mât, comme les remarques de l'île d'Oléron.

L'établissement de la marée à Cordouan et la connoissance de la direction des courants, dit encore M. de Kearny, est d'une « très » grande importance pour la route que l'on a à faire, plusieurs » navires arrivant à l'entrée de la rivière sans avoir eu hauteur, les » horloges marines peuvent avoir varié dans la traversée et occa- » sionné des erreurs funestes; car la quantité des bancs situés à » l'entrée de cette rivière, en se couvrant ou se découvrant plus ou » moins, donne des directions diverses au courant dans la même » marée. »

En 1778, j'ay vu un navire manié par les courants jusqu'à l'extrémité de Montreveil, c'est-à-dire près de la tour, au milieu des dangers, rester une heure dans cette position désespérante, une demi-encablure de plus il étoit perdu sans ressource; les rochers étant plus couverts, les courants changèrent de direction et il fut sauvé.

En 1783, j'ay vu par un beau tems deux navires échoués sur le banc de gravier de la côte de Médoc pour ne s'être pas assez défié des courants qui portent en Grave.

M. de Kearny proposoit d'établir un canon à la tour pour annoncer l'établissement de la marée et les approches des dangers; mais outre qu'il seroit très difficile de faire un pareil établissement, il ne serviroit de rien lorsque les vents viendroient du large; pendant la guerre, il m'est arrivé très souvent de voir la lumière du canon dans la rade du Verdon sans en entendre le coup, il en seroit donc de même au large de la tour.

M. de Kearny proposoit encore d'établir des pavillons à Saint-Palais pour annoncer aux pilotes qu'il y avoit des navires à l'entrée des passes; ne pourroit-on pas en établir à Cordouan pour annoncer pendant le jour les quatre hauteurs de la marée? C'est-à-dire le 1ᵉʳ flot, 1/2 flot, 1ᵉʳ jusant, 1/2 jusant, ce seroient quatre pavillons de couleurs différentes à hisser dans douze heures; pendant la nuit, au 1ᵉʳ flot, on pourroit lancer une fusée; au 1/2 flot, deux; au 1ᵉʳ jusant, trois; au 1/2 jusant, quatre.

Les longs séjours que j'ay faits à la tour de Cordouan ou sur les côtes depuis 1776, la multiplicité des voyages que j'ay eu l'occasion de faire pour les réparations et les rétablissements des balises et les tournées que j'ay faites au large pour examiner leur position par rapport aux passes, m'ont convaincu qu'il se perdroit une bien moindre quantité de navires si les écueils de l'entrée de la rivière étoient désignés exactement sur une carte, les sondes en profondeur d'eau vérifiées, et la direction des courants bien indiquée avec l'établissement de la marée à la hauteur de Cordouan.

Ce travail, qui paroit immense au premier coup d'œil et devoir coûter des sommes considérables, se réduit à des opérations aisées et une dépense très modique. J'ay souvent mis mes idées sous les yeux de MM. les Ordonnateurs, ils les ont approuvées; M. Prévost de la Croix surtout a vu par lui-même la nécessité de cette vérification; mais ils n'ont pu m'autoriser à m'en occuper.

Il ne s'agiroit que de relever exactement tous les points fixes de la côte relativement à eux-mêmes et à la tour de Cordouan, opération que je puis faire sans dépense en faisant exécuter les réparations ordonnées, soit à la tour, soit aux balises.

Ces points fixes déterminés donneront toutes les bases nécessaires pour les opérations à faire sur les écueils; ces opérations consisteront à faire mouiller quatre chaloupes de pilote autour de chaque écueil de rocher ou de sable; on ordonnera à ces pilotes de hisser chacun un pavillon de couleur différente lorsqu'ils seront mouillés à l'aire du vent qu'on leur aura indiqué par rapport à l'écueil; les pilotes mouillés à leurs postes, de la tour de Cordouan et d'un point quelconque fixe de la côte comme base, on déterminera la longueur, largeur et distance de chaque banc, ce qui donnera quatre points principaux de position exacte, ensuite sur une chaloupe de pilote on déterminera à la boussole les contours et sinuosités des écueils; voilà la seule dépense à faire.

Les pilotes sont dans l'usage de sonder les passes; il faudra leur ordonner de sonder sur les écueils par un beau tems, et de faire leur rapport des sondes, soit pour les passes, soit pour les bancs au Commissaire des classes de la marine à Royan.

Pour reconnoitre les passes et la direction des courants, il n'y auroit point de dépenses à faire; je m'embarquerois sur la chaloupe d'un pilote, j'irois avec lui prendre un bâtiment au large pour ne l'abandonner qu'en rade du Verdon; ce voyage, répété dans toutes les passes et à toutes les heures de la marée, me mettroit en état de rendre la carte de l'entrée de cette rivière infiniment plus exacte.

S'il survenoit dans la suite quelques changements aux passes, ce ne pourroit être que par les changemens du petit banc de Rufiac à la pointe de Grave, qui n'est plus dangereux; celui de la Matte du milieu entre la Mauvaise et Montreveil et au banc de La Coubre, qui joint la côte d'Arvert; alors il suffiroit de faire un voyage autour de ces écueils à la suite d'un coup de vent, d'une grosse souberne ou crue de la rivière, pour constater ce changement, et d'en dresser procès-verbal, dont copie seroit adressée à chaque capitaine au bureau de la marine, en lui remettant son rôle d'équipage.

Il ne paroit pas qu'il seroit nécessaire de dresser souvent de ces procès-verbaux; car ces trois écueils, les seuls sujets à varier pour l'entrée de la rivière, n'ont changé que très peu depuis plusieurs années.

Si le phare de Cordouan est exhaussé jusqu'à la hauteur nécessaire; le feu de reverbère établi suivant les principes de la catoptrique ou le feu de charbon rétabli, la carte de la Gironde relevée trigonométriquement; les passes marquées avec exactitude, par rapport aux balises de la côte; le troisième terrier de sable, dans la Bonnance, balisé; l'établissement de la marée et la direction des courants annoncés à Cordouan par des pavillons pendant le jour et des fusées pendant la nuit, je crois que c'est tout ce qu'on peut faire pour faciliter autant qu'il est possible la navigation de cette rivière.

On n'aura plus à craindre que la tempête, aux atterrages le calme et les brumes sèches dans les passes, car ce sont des obstacles insurmontables; lorsqu'un d'eux surprend un navire, il est perdu sans ressource.

M. de Kearny avoit proposé des corps-morts dans les passes du Mattelier et de la Courcière pour remédier en partie à ces cas extrêmes; ils furent construits très solidement; malgré cela, ils ne durèrent pas longtems.

M. le chevalier de Borda (¹) a rendu un service essentiel en faisant sentir la nécessité d'élever le phare de Cordouan; s'il avoit eu des renseignemens sur les écueils, il auroit insisté sur la nécessité de relever la carte de l'entrée de la Gironde.

C'est donc pour y suppléer que je me suis permis de donner les observations qu'une longue pratique m'a mis à portée de faire.

D'après ces observations, on voit que le projet de M. Jallier (²), d'un exhaussement de trente pieds, ne rempliroit pas suffisamment le but qu'on s'est proposé, au surplus on ne sauroit donner trop d'éloges au projet; l'architecture est dans le genre convenable à un phare et les moyens de construction m'en ont paru bien imaginés, je ne sçais cependant si les détails dans lesquels je suis entré pour prouver la solidité de mon projet de restauration pourroient servir d'appuy au

---

(¹) Le chevalier de Borda confia le soin de développer ses idées sur le surhaussement de la tour de Cordouan, qui lui avait été, c'est probable, suggéré par le 1ᵉʳ mémoire de 1784 de Teulère, à un architecte de Paris, homme de talent, M. Jallier. Celui-ci fit un projet pour un surhaussement de 30 pieds; mais Teulère, à qui il fut communiqué, envoya à Paris ce 2ᵉ mémoire, accompagné de calculs, de devis et de dessins très bien faicts concluant à un surhaussement de 60 pieds; le chevalier de Borda se rendit aux raisons émises par Teulère et appuya le projet, qui, adopté par le Ministre de la marine, fut exécuté dans les années 1788 et 1789 par son auteur.

(²) Jallier, architecte de talent à Paris. Il vint à Brest en 1786 pour choisir la place où devait être érigée la statue du roi Louis XVI et donner son avis sur les embellissemens qu'il conviendroit de donner à cette place. Il figure comme ancien pensionnaire du Roi sur l'*Almanach historique des artistes* de l'an 1777.

projet de M. Jallier; je n'avois rien à exhausser et je suis parti d'une autre donnée.

Puisqu'un exhaussement de trente pieds ne produiroit qu'un très faible avantage et qu'en donnant à cette tour quarante-cinq pieds de plus un pilote seroit encore très gêné pour s'élever de la côte ou des écueils, il faut donc faire un exhaussement de soixante pieds. Dans ce dernier cas, le parti ingénieux de M. Jallier ne peut être adopté, car il faut nécessairement établir sur les murs, perdre de vue la décoration déjà faicte et renoncer aux subdivisions, qui pourroient altérer la solidité et augmenter considérablement la dépense; on s'en tiendra donc à faire une grosse tour, solide et commode pour l'usage auquel elle est destinée, sans autre prétention, et, comme l'a très bien observé M. Jallier, ce n'est pas ici le cas de rechercher les ornements qui se perdent d'ailleurs dans l'éloignement, la masse seule s'aperçoit et remplit parfaitement l'objet d'une vigie.

Dans l'état actuel, il arrive quelquefois qu'un navire aux atterrages, surpris par une brume volante, ne découvre que par intervalle et confusément la terre et prend le clocher de Marennes pour la tour de Cordouan, il dirige sa route sur le clocher et n'est averti de l'erreur que lorsqu'il lui est impossible de s'élever de la côte ou de Maumusson, au lieu que la grosseur et la hauteur de cette tour ne permettroit plus de commettre cette erreur de lieu; raison puissante pour faire pardonner la forme en faveur de l'utilité.

L'échaufaudage que M. Jallier propose est très bien entendu; mais il ne peut être adopté pour Cordouan, attendu que la place qu'il occuperoit est la seule que nous ayons pour déposer les matériaux ou pour les faire travailler, d'ailleurs il coûteroit au moins quarante mille livres, pour l'exhaussement de trente pieds, par la cherté des bois, la difficulté des transports, la suggestion du levage et la multiplicité des chevilles et équerres de fer qu'il faudroit pour donner à cet échafaudage la force de résister aux coups de vent qui règnent dans cette partie.

Si le projet d'exhaussement cy-joint est admis, pendant deux années encore le fanal actuel ne sera pas dérangé, on continuera le service comme par le passé, à la troisième année, on fera un échafaudage dans l'intérieur de la nouvelle construction, sur lequel on établira le fanal provisionnel, et la quatrième on l'établira à demeure.

Le fanal provisionnel sera alimenté avec du charbon depuis l'instant où la nouvelle construction sera élevée à la hauteur du phare actuel, jusqu'à l'entière exécution des travaux, car une lanterne vitrée, quelle qu'elle fût, outre la fragilité des glaces exposées aux éclats des pierres ou autres accidents, ne résisteroit pas aux coups de vent sur un échafaud provisionnel.

Pour monter les matériaux on fera un plancher sur la première galerie, un second sur la seconde, un troisième à la moitié de la hauteur projetée et un quatrième à la naissance de la coupole. Ces planchers auront chacun environ douze pieds de longueur, sur six à huit pieds de saillie, et recevront une roue ou quelqu'autre machine simple pour monter les matériaux. Ces échafaudages seront établis à l'est de la tour pour être à l'abri des vents du large.

Pour la pose des pierres on fera un échafaudage léger avec des barres de fer, sur lesquelles on mettra deux ou trois planches fixées avec des clavettes; cet échafaudage léger sera, en outre, entouré avec des cordes pour faire une espèce de cage fixée au mur en dehors, qu'on changera de place à volonté. Il sera uniquement destiné à supporter le poseur, le bardage ou transport des matériaux sur le tas se fera sur le mur, ou sur l'échafaudage intérieur, qu'on peut faire aussi simple qu'on voudra, puisque les moyens de le rendre solide sont infinis.

Bordeaux, le 23 juin 1787. *Signé*: TEULÈRE.

Vu, *signé*: PRÉVOST DE LA CROIX.

23 Juin 1787. **MÉMOIRE technique de l'ingénieur Teulère sur le projet d'exhaussement de la tour de Cordouan.**

Application des principes de la Méchanique à la construction d'un exhaussement de 60 pieds, projeté sur la tour de Cordouan, Proposé par M. Prévost de la Croix, commissaire général des ports et arsenaux de marine, ordonnateur aux départements de Bordeaux et Bayonne.

La tour de Cordouan est située dans la mer à *deux fortes lieues ouest* de Royan, *une lieue et 1/4, sud-ouest*, de Saint-Palais, en Saintonge, et *une lieue nord* de la côte du Vieux-Soulac, en Médoc. Elle est établie sur un rocher, qui couvre et découvre à chaque marée.

Le massif de maçonnerie qui la supporte a cent vingt-six (126) pieds de diamètre, sur seize (16) pieds d'épaisseur, garanti par un parapet d'enceinte de neuf (9) pieds 3 pouces de hauteur sur six (6) pieds d'épaisseur, ce massif n'est altéré que par l'escalier de la marée, qui a quatre (4) pieds 6 pouces de largeur; par une cave de vingt (20) pieds de longueur, sur dix (10) pieds de largeur, deux citernes intérieures ayant chacune neuf (9) pieds de longueur, sur six (6) pieds de largeur, et deux citernes extérieures, dans la cour, ayant chacune huit (8) pieds de diamètre. Tous ces vuides n'ont que huit (8) à neuf (9) pieds de profondeur.

Au pourtour du parapet d'enceinte sont établies onze chambres servant de magazins pour alimenter le phare, pour les outils et effets des entrepreneurs, cuisine et quelques logemens.

Au milieu du massif est établie la tour, qui a cinquante (50) pieds de diamètre pris au nu du mur jusqu'à la hauteur de dix-huit (18) pieds 9 pouces, elle contient au centre une chambre de vingt (20) pieds en quarré sur les côtés de laquelle sont quatre foncemens de six (6) pieds de largeur sur neuf (9) pieds de profondeur pour la porte d'entrée, les croisées et le grand escalier.

De chaque côté de la porte d'entrée sont pratiqués deux réduits de six (6) pieds en quarré pour deux gardiens, d'un côté de l'escalier un réduit semblable pour un troisième gardien et de l'autre côté de l'escalier un four. Le tout est voûté d'une manière qu'on peut regarder le rez-de-chaussée comme un massif de cinquante (50) pieds de diamètre sur dix-huit (18) pieds 9 pouces de hauteur.

Au premier étage, la tour est réduite à quarante (40) pieds 4 pouces de diamètre jusqu'au dessus de la corniche de l'ordre composite, qui a été élevé de trente-six (36) pieds au-dessus de la voûte du rez-de-chaussée, ce premier étage dix-neuf (19) pieds 10 pouces de hauteur y compris l'épaisseur de la voûte servant de sol à la chapelle. Ce premier étage n'a, comme le rez-de-chaussée, qu'une chambre de vingt (20) pieds en quarré et quatre enfoncemens de six (6) pieds de largeur sur sept (7) pieds 6 pouces de profondeur et deux (2) réduits de cinq (5) pieds en quarré, on peut donc considérer ce premier étage comme massif jusqu'au sol de la chapelle.

Les murs de la chapelle sont donc établis sur un fondement incompressible de quarante (40) pieds, 4 pouces de diamètre, sur cinquante-quatre (54) pieds 7 pouces de hauteur, prise sur le rocher.

Cette chapelle a vingt-neuf (29) pieds de diamètre intérieur, les murs ont cinq (5) pieds 8 pouces d'épaisseur, sur seize (16) pieds 2 pouces de hauteur jusqu'au dessus de la corniche extérieure; depuis le dessus de cette corniche jusqu'à la naissance de la voûte il y a un socle de quatre (4) pieds de hauteur dont les murs ont quatre (4) pieds 7 pouces d'épaisseur, laissant en dehors une retraite de 13 pouces.

C'est sur ce socle élevé de soixante-quatorze (74) pieds 9 pouces au-dessus du rocher que doit être établi l'exhaussement en garnissant les reins de la voûte de la chapelle, afin de pouvoir établir une nouvelle maçonnerie et pour ne pas augmenter sans nécessité le cube des murs et, par conséquent, la dépense, les voussoirs concourant à la formation de chaque voûte auront une inclinaison moindre que les rayons de la courbe et formeront une espèce de tas de charge sensiblement incliné, qui, sans altérer la solidité, diminuera la poussée de manière que les murs de quatre (4) pieds d'épaisseur seront plus que suffisans pour résister aux efforts que les voûtes pourront faire pour les renverser. Faisant l'application des principes que j'ai développés dans un projet de restauration du 28 novembre 1786, et supposant les frottements égaux au 1/3 du poids de la partie supérieure de la voûte de la chapelle dans l'état actuel, on trouvera que le 1/8 du cube de la partie supérieure de la voûte de la chapelle compris les murs, voûte et lanterne qu'elle supporte à son sommet *(regardés comme un poids sans action)*, est de six cent vingt-sept (627) pieds 6 pouces 6 lignes.

Nous avons dit que la puissance qui agit pour renverser les murs est produite par le cube de la partie supérieure de la voûte et charge qu'elle supporte jusqu'au centre d'impression, et que l'effort qu'elle fait à ce point en agissant comme un coin est au cube de cette voûte comme la moitié de la tête du coin est à sa longueur.

La longueur du coin étant de quinze (15) pieds 8 pouces, et la demi-tête du coin onze (11) pieds 8 pouces, les efforts que fait le cube de la partie supérieure de cette voûte au centre d'impression sont de cinq cent soixante-un (561) pieds 9 pouces 6 lignes.

Ces efforts poussent obliquement la partie inférieure de la voûte et les murs qui la soutiennent dans la direction perpendiculaire menée du point d'appui sur la direction de l'effort supérieur; on appelle cette perpendiculaire le bras de levier qui a quinze (15) pieds 2 pouces pour la voûte de la chapelle, ce qui donne pour énergie totale, depuis le centre d'impression jusqu'au point d'appui réputé au niveau du sol de la chapelle au nu extérieur du mur, la quantité de huit mille cinq cent quatre-vingt-seize (8,596) pieds 7 pouces.

Pour avoir les puissances résistantes, il faut prendre le 1/8 du cube des murs de la chapelle jusqu'au-dessus de la grande corniche, le 1/8 du socle jusqu'à la naissance de la voûte, le 1/8 du cube des huit croisées servant de contre-fort à cette voûte, réduire tous ces cubes à leur centre de gravité, tracer sur le sol de la chapelle les circonférences que ces centres décrivent, trouver le centre de gravité des arcs que les centres de gravité des murs ont décrits, et les distances de ces derniers points au nu extérieur du mur donneront les longueurs des bras de levier des puissances résistantes; ces bras de levier multipliés par les cubes des murs formeront la résistance totale, qui est pour la voûte de la chapelle dans l'état actuel de sept mille neuf cent cinquante-deux (7,952) pieds 4 pouces; c'est-à-dire que les murs sont surchargés d'une action équivalente à 1/13 de leur force résistante, et si on veut avoir égard à l'action que le poids des murs actuels voisins du sommet de cette voûte exerce sur la partie inférieure, on trouvera que cette voûte et les murs qui la soutiennent ne doivent leur solidité qu'à la ténacité du mortier.

On ne pourroit donc pas sans crainte établir des murs ou des voûtes qui augmentassent l'action que les murs actuels supportent; mais on peut élever avec confiance des murs perpendiculaires sur les murs actuels qui supportent la voûte de la chapelle, et en donnant assez de force à ces nouveaux murs résister à la poussée des diverses voûtes qu'on se propose de construire, on n'aura rien à craindre pour la solidité.

Pour le prouver, supposons que toutes les voûtes tendent à renverser les murs depuis le sommet de la tour jusqu'au sol de la chapelle, que toutes les pierres sont placées sans mortier, que le remplissage des reins fait en maçonnerie exerce la même action que la pierre de taille, que les voûtes devant s'écrouler par la faiblesse des murs se fendront toutes à la fois dans huit différents endroits et que chaque huitième de voûte renversera au même instant la huitième partie du mur qui lui répond, de manière qu'il ne reste pas une pierre à la même place. Si dans cette supposition, la plus forte possible, les murs sont au-dessus de l'équilibre, la solidité de cet exhaussement sera démontrée.

Le huitième du cube de la partie supérieure de la voûte de la chapelle, compris le massif des reins conformément au projet cy-joint, sera de trois cent trente-sept (337) pieds, la longueur du coin quinze (15) pieds 8 pouces, la demi-tête du coin onze (11) pieds 8 pouces, et la longueur du bras de levier quinze (15) pieds 2 pouces;

le résultat des opérations donnera pour la puissance agissante de cette voûte qui la soutiendront . . . . 4,576 pieds.

Ayant pris le cube de chaque partie des murs, tant anciens que nouveaux, réduit chacune de ces parties à leur centre de gravité, tracé sur le sol de la chapelle, les circonférences que ces centres décrivent, et après avoir pris le centre de gravité de ces arcs pour avoir la longueur des bras de levier qu'on multipliera par le cube qui leur répond, on trouvera pour puissances résistantes 11,092 pieds.

Les efforts de la voûte ne seront donc pas alors de la moitié de la résistance que les murs opposent, en les supposant terminés au sommet de cette voûte.

La seconde voûte aura vingt-huit (28) pieds 3 pouces de hauteur, compris son épaisseur à la clef.

Le cube de la partie supérieure de cette voûte sera de trois cent quarante-six (346) pieds 9 pouces, la longueur du coin douze (12) pieds 7 pouces, la demi-tête du coin onze (11) pieds 2 pouces, la longueur du bras de levier vingt (20) pieds 6 pouces, et l'énergie totale de cette voûte contre les murs sera de . . . . 5,210 pieds

qui, joint à l'énergie de la voûte de la chapelle, qui est de . . . . 4,576 pieds

1ʳᵉ et 2ᵉ voûtes.
Puissance agissante :
9,786 pieds.

Ayant également pris le 1/8 du cube des murs qui soutiennent cette seconde voûte jusqu'au sommet de celle de la chapelle, décrit sur le sol de la chapelle les circonférences des divers centres de gravité des murs et partie inférieure de cette seconde voûte, et tiré les centres de gravité de ces arcs pour avoir les longueurs des bras de levier, afin de les multiplier par les cubes qui leur répondent, on trouvera pour la résistance de ces murs. . . 8,441 pieds 4 pouces

qui jointe à la résistance des murs de la chapelle. . . . . 11,092 pieds

Murs des 1ʳᵉ et 2ᵉ voûtes.
Puissance résistante :
19,533 pieds 4 pouces.

Les forces qui résistent sont donc encore doubles de celles qui agissent.

La troisième voûte aura vingt-cinq (25) pieds 6 pouces de hauteur, compris l'épaisseur de la clef; elle sera surchargée des murs et marches de l'escalier pour monter à l'attique; le 1/8 de cube de la partie supérieure de cette voûte, compris la surcharge, sera de trois cent quatre-vingt-six (386) pieds, la longueur du coin douze (12) pieds 7 pouces, la demi-tête du coin onze (11) pieds 2 pouces, la longueur du bras du levier trente-deux (32) pieds 4 pouces, et l'énergie de cette voûte agissant jusqu'au point d'appuy du sol de la chapelle sera de . . . . 9,376 pieds 8 pouces

qui, joints à l'énergie des voûtes inférieures, qui est pour les deux. . . . . . . 9,786 pieds

1re, 2e, 3e voûtes.
Puissance agissante :
19,162 pieds 8 pouces.

Le 1/8 du cube des murs pris et calculé comme les précédents et rapporté au sol de la chapelle. . . . . . . 7,813 p. 6 p. 4 l.
qui joints à celle des murs inférieurs jusqu'au sol de la chapelle, qui sont de . . 19,533 p. 4 p.

Puissance résistante :
27,346 pieds 10 pouces 4 lignes.

L'action que les trois voûtes exerce contre les murs n'est encore que les 2/3 de la résistance que ces murs opposent.

Enfin la voûte de la coupole considérée comme agissant pour renverser les murs jusqu'au sol de la chapelle, 1/8 de cube jusqu'au centre d'impression, compris les murs de l'attique, murs et escaliers intérieurs, voûte sous la lanterne, fer, cuivre, verres de la lanterne, deux cent quatre-ving-dix-sept (297) pieds cubes, longueur du coin onze (11) pieds, 6 pouces, demi-tête du coin dix (10) pieds de longueur, bras de levier dirigé au sol de la chapelle cinquante-deux pieds de longueur, énergie totale. . . . . 11,839 p. 8 p.
énergie des trois voûtes inférieures. 19,162 8

1re, 2e, 3e, 4e voûtes.
Puissance agissante :
31,002 pieds 4 pouces.

Le 1/8 du cube des murs qui soutiennent cette coupole, la partie

inférieure de la voûte et les croisées servant de contrefort rapportés au sol de la chapelle et calculés comme les précédents, énergie totale . . . . 5,044 pieds ⎱ Puissance résistante :
énergie des murs inférieurs. 27,347 pieds ⎰ 32,391 pieds.
Excès des puissances résistantes, 1/22.

La solidité de cet exhaussement est donc bien démontrée puisque la résistance des murs réputés sans mortier et sans liaison sera de 1/22 au-dessus de l'équilibre; on sent en même tems que cette supposition est bien éloignée de la pratique, surtout lorsqu'on a une pierre poreuse, qui fait corps avec le mortier presqu'aussi fortement que la brique, le remplissage des reins a été supposé glissant le long du joint du centre d'impression, tandis qu'il est prouvé que ce garnissage débarrassé de son humidité superflue ne forme qu'un poids sans action et lorsque cette maçonnerie a fait corps, elle reste jointe au mur quelquefois au delà d'un arc de soixante pieds degrés, alors cette maçonnerie, bien loin de pousser les murs, contribue au contraire à retenir la voûte, nous serons dans ce cas à Cordouan, puisqu'une voûte aura le tems de faire corps avec le massif ou ses reins avant la construction de celle qui doit être élevée au-dessus.

On voit en même tems que la supposition de l'action des voûtes réunies au sol de la chapelle est la plus grande possible, car si on regarde le sommet de chacune de ces voûtes comme un fondement incompressible, ce qui sera vrai, après que les mortiers auront fait corps, on trouvera que les murs de la voûte de la chapelle, réputés terminés à son sommet, sont capables de résister à un effort de plus du double de celui que la voûte peut faire pour les renverser.

Les murs de la voûte au-dessus, réputés également terminés au sommet de cette voûte, résisteront à un effort quadruple de celui que la voûte leur fera supporter.

Les murs de la 3me voûte ont une puissance résistante cinq fois plus forte que la puissance agissante.

Les murs de la coupole sont capables de résister à une action presque double de leur charge.

Les murs de l'attique peuvent résister à une action d'un quart plus forte que celle de la voûte sous la lanterne, en négligeant l'avantage que produit le mur de l'escalier intérieur, qui conduit dans la lanterne et celui que cette lanterne en fer lui procure en liant l'attique avec la voûte de la coupole de manière que faire qu'un corps solide jusqu'au centre d'impression de cette coupole.

Fait et dressé par moi, soussigné, architecte faisant les fonctions d'ingénieur des bâtiments civils de la Marine, servant en ce port.

A Bordeaux, le 23 juin 1787.

TEULÈRE.

Vu : PREVOST DE LA CROIX.

DEVIS des dépenses de l'exhaussement de la tour de Cordouan.   23 Juin 1787.

Devis estimatif des ouvrages de maçonnerie, serrurerie, vitrerie et peinture à faire pour exhausser la tour de Cordouan de 60 pieds, afin qu'elle soit aperçue au delà des dangers les plus éloignés dans le Nord, dans la supposition que les brisans s'élèvent de 24 pieds au-dessus de la surface de la mer et afin que cette tour ne soit pas confondue avec le clocher de Marennes lorsqu'un bâtiment est surpris aux atterrages par une brume volante qui ne lui permet d'apercevoir la terre que confusément et par intervalles.

ART. I.

Sur le socle actuel, qui reçoit la voûte de la chapelle, sera établi un revêtement en pierres de Saint-Savinien ; ce revêtement contiendra en cubes . . . . 5,830 p^{ds} 4 p^{ces} 10 l^{gnes}

Ce revêtement regardé comme piédestal de la tour à exhausser, il y aura une corniche à modillons quarrés . . . . en cubes   384   2   4

A reporter. . . . . . 6,214 p^{ds} 7 p^{ces} 2 l^{gnes}

Report.	6,214 p^{ds}	7 p^{ces}	2 l^{gnes}
Au-dessus de ce piédestal et socle qui le terminera il y aura une retraite . . . . . en cubes	2,062	7	10
Sur cette assise et pour aller joindre le niveau de dessus de la voûte de la chapelle, il sera établi une assise, ayant en cubes	638	1	2
Pierres de Saint-Savinien.	8,915	4	2

Art. 2.

Depuis le dessus de la voûte de la chapelle jusqu'au dessus de la grande corniche à construire les murs . . . . en cubes	21,270	10	»
La saillie, masse, des huit frontons pour les croisées. . . . . en cubes	116	»	»
La saillie masse de la grande corniche produira. . . . . en cubes	1,084	3	5

Art. 3.

Au-dessus de la grande corniche seront établis les murs de la grande coupole, ces murs auront . . . . en cubes	2,294	9	8
Sur cette même corniche sera établi un mur pour former une galerie . . . . . . en cubes	271	3	11

Art. 4.

La voûte de la coupole aura . . . en cubes	3,029	1	2
Les huit croisées servant de contrefort à cette coupole. . . . . en cubes	600	»	»

Art. 5.

L'attique au-dessus de cette coupole, en cub.	1,173	2	1
A reporter.	38,754 p^{ds}	10 p^{ces}	5 l^{gnes}

| | *Report*. . . . | 38,754 p^ds 10 p^ces 5 l^gnes |

La saillie masse de la corniche de cette attique. . . . . en cubes   230   6   4

Art. 6.

Les deux voûtes de l'intérieur de la tour. . .
                              en cubes   3,009   4   »

Les reins de ces deux voûtes faits en maçonnerie de moëllons et mortier de chaux et de ciment produiront . . en cubes   30 toises 2/3

La voûte de l'attique sous le sol de la lanterne. . . . . en cubes   421   »   »

Art. 7.

Le mur du grand escalier dans l'intérieur de la tour aura. . . . . en cubes   702   »   »

Le mur de l'escalier dans la voûte de la coupole, ... le mur intérieur, ... le mur qui supportera les marches de l'escalier... le tout contenant. . . . . en cubes   574   7   6

Art. 8.

Pour rendre ce phare le plus commode possible toutes les voûtes seront percées au centre ... ces ouvertures seront garnies d'une margelle ... il y aura 6 (six) margelles semblables. en c.   170   2   7

Pierres de Saint-Savinien, total. . . . .   43,862 p^ds 6 p^ces 10 l^gnes

Art. 9.

Pierres dures.

La cimaise supérieure de la corniche et du soubassement . . . . . en cubes.

A reporter. . .   180 p^ds » p^ces 8 l^gnes

Report.	180 p^{ds}	» p^{ces}	8 l^{gnes}
La cimaise supérieure de la grande corniche............... en cubes	779	6	»
La corniche du mûr d'apuy de la galerie... en cubes	69	8	»
La cimaise supérieure de la corniche de l'attique............... en cubes	211	»	8
Pierres dures, total.....	1,240 p^{ds}	3 p^{ces}	4 l^{gnes}

Art. 10.

Marches.

Le grand escalier sera continué jusqu'au niveau de la grande corniche...................... 116 marches.

Pour l'escalier établi dans la voûte de la coupole jusqu'au sol de l'attique................. 44 —

Les marches pour monter jusqu'au sol de la lanterne....................,............ 31 —

Total..... 191 marches.

Art. 11.

Pavés en pierres dures.

Le pavé des deux voûtes dans le corps de la tour sera fait en dalles des carrières de Cérons, en superficie, ensemble. 32 t^{ses} 3 p^{ds} 8 p^{ces}

Le pavé de la coupole au niveau de la grande corniche, en superficie, ensemble.......... 13   2   2

Le pavé de l'attique, en superficie, ensemble.. 3   4   »

49 t^{ses} 3 p^{ds} 10 p^{ces}

Art. 12.

Lanterne en fer.

. . . .

Tous les fers mentionnés au détail ci-dessus et des autres parts, non compris les petites consoles et poignées à placer aux faces intérieures et extérieures de la lanterne comprenant en cubes 41 pieds 11 pouces 7 lignes 5/6, pèseront en total. . . . . 22,470 l^{vres} »

Les 160 consoles à 40 livres, les 80 poignées à 30 livres, font la somme de . . . . 440 francs.

Art. 13.

Cuivre pour la lanterne.

Cuivre rouge. 2,898 l^{vres} »
Cuivre jaune. 330 »

Art. 14.

Cette lanterne sera vitrée au moyen de 160 carreaux de verre de Bohême, double épaisseur, ayant chacun deux pieds en quarré.

Art. 15.

Menuiserie, serrurerie, vitrerie et peinture.

Il sera fait et fourny 12 croisées en bois de chêne... ces croisées seront ferrées... vitrées en verre ordinaire... peintes par trois couches ... quatre portes en bois de chêne... ferrées... une serrure Bernarde ... peinture 3 couches.

PRIX DES OUVRAGES MENTIONNÉS AU DEVIS CI-DESSUS :

43,862 pieds cubes pierres de Saint-Savinien, à
    4 livres.   *A reporter.* . . 175,450 l^{vres} » s^{ols} » d^{iers}

Report.		175,450 l^vres	» s^ols	» d^iers
1,240 pieds cubes pierres dures, à 4 livres . .		4,960	»	»
6,459 pieds 6 pouces pierres tendres pour les voûtes, à 13 sols 6 deniers		4,359	14	6
30 toises 2/3 cubes maçonnerie pour les reins des voûtes, à 200 livres. . . .		6,133	6	8
116 marches pour le grand escalier, à 33 l. 10 s. 10 d.		3,888	16	8
44 marches moyennes, à 18 l.		792	»	»
31 marches du petit escalier à l'attique, à 12 l.		372	»	»
49 toises 3 pieds 10 pouces, pavés en pierre dure pour le dessus des voûtes, à. . . . . 107 l. 7 s. 9 d.		5,330	11	11
12 croisées, à. . . . . . . 120 10 »		1,446	»	»
4 portes, à . . . . 114 » »		456	»	»
22,470 livres fer, à 13 s. la l.	14,605 l. 10 s.			
Consoles et poignées, estimées	440 »			
Cuivre rouge, achat et main-d'œuvre . . .	6,520 »	24,785	10	»
Cuivre jaune, achat et main-d'œuvre . . .	660 »			
160 carreaux verre de Bohême, à 16 l. . . .	2,560 »			
Total général.		227,973 l^vres	19 s^ols	9 d^ers

Art. 16.

Qualités des matériaux et conditions.

La pierre tendre sera de Saint-Savinien, la pierre dure sera de Cérons ou de Saint-Macaire.

Tous les bois seront en chêne de Hollande.

Les fers seront de la meilleure qualité à l'exclusion de ceux d'Espagne, qui rouillent.

La serrurerie sera de maître.

Le cuivre rouge sera bien battu et très malléable.

La peinture sera à l'huile de noix ou de lin et non de thérébentine.

Tous les ouvrages seront précieusement exécutés, suivant les règles de l'art.

Fait et dressé par nous, architecte faisant fonctions d'ingénieur des Bâtiments civils de la Marine, servant dans ce port.

A Bordeaux, le 23 juin 1787.

TEULÈRE.

Vu : Prévost de la Croix.

LETTRE de Prévost de La Croix au ministre de la Marine relative aux frais qu'entraîne le projet d'exhaussement de la tour de Cordouan. 30 Juillet 1787.

Paris, 30 juillet 1787.

Monseigneur,

Par dépêche dont vous m'avés honoré le 8 de ce mois, vous m'annoncés, en attendant qu'il ait été statué sur les moyens de pourvoir à l'exécution du projet qui sera adopté pour les réparations de la tour de Cordouan, il est indispensable d'acquitter la dépense qu'occasionne la fabrication des reverbères et de la machine destinés pour le nouveau phare et vous me chargés de faire rembourser au trésorier de la marine un nouvel à-compte de 6,000 livres que vous lui avés ordonné de payer au sieur Lemoyne; ce remboursement sera effectué moitié dans ce mois et l'autre moitié dans le courant du mois d'aoust prochain; mais comme il n'existoit dans la caisse de la tour au quinze de ce mois que 11,623 livres 7 sols 7 deniers, sur quoi les entrepreneurs sollicitoient un à-compte de 12,000 livres que M. Najac a réduit à 8,700 livres, il ne reste donc absolument que ce qui étoit nécessaire pour solder la moitié des 6,000 livres dues au Trésorier de la marine pour son remboursement, et cette caisse se trouvera absolument dénuée d'espèces.

Il est donc nécessaire, ainsi que vous l'avés prévu, Monseigneur, de faire un emprunt pour faire face à ces dépenses extraordinaires ; mais je ne pense pas qu'un emprunt fait sur la place pût faire un bon effet, surtout dans une ville comme celle de Bordeaux ; il vaudroit peut-être mieux augmenter le droit de feux de Cordouan, en donnant communication à la Chambre de commerce des réparations urgentes qu'exige cette tour, et je ne doute pas qu'en fixant à un tems limité cette augmentation, dont la nécessité seroit prouvée, elle n'y consentît. . . . .

PRÉVOST DE LA CROIX.

5 Août 1787. **LETTRE du chevalier de Borda recommandant au ministre de la marine le projet de Teulère.**

Paris, le 5 aoust 1787.

Monseigneur,

J'ai l'honneur de vous envoyer un dernier projet concernant la tour de Cordouan, rédigé par M. Jallier.

Vous avez approuvé, Monseigneur, la proposition que je vous fis, il y a quelque tems, d'exhausser la tour, qui par son peu d'élévation actuel ne remplissoit pas suffisamment son objet ; c'est dans cette vue que M. Jallier rédigea un premier projet d'exhaussement que vous envoyâtes à M. Prévost de la Croix, commissaire ordonnateur à Bordeaux pour qu'il fût communiqué à M. Teulère, architecte de cette ville, qui est chargé des réparations du phare.

M. Teulère a fort approuvé cet exhaussement, dont il avoit déjà senti la nécessité par différentes observations qu'il avoit eu l'occasion de faire à ce sujet ; mais en examinant plus attentivement la question et ayant égard à la position du grand banc des Anes qui s'étend fort au large de la tour, il a trouvé que cette tour devoit être élevée encore plus haut que nous l'avions proposé pour que les navigateurs puissent l'apercevoir quelque tems avant d'être sur les accores du banc.

En conséquence il a rédigé un nouveau projet, qui porte l'exhaussement total à soixante (60) pieds, au lieu que M. Jallier s'étoit borné à 30 ou 35 pieds, et ce projet vous a été envoyé dernièrement par M. de la Croix.

Les preuves que M. Teulère a données de la nécessité du nouvel exhaussement me paraissent très fortes et je pense que s'il n'est pas rigoureusement démontré qu'il faille élever la tour de soixante (60) pieds, du moins il y auriot à craindre si on la tenoit à une moindre hauteur qu'elle ne produise pas l'effet qu'on en doit attendre; mais je trouve en même tems, Monseigneur, que la construction adoptée par M. Teulère est trop dispendieuse et j'ai proposé à M. Jallier un projet beaucoup plus simple dans lequel je donne le même exhaussement de soixante (60) pieds où je n'employe pas les 3/7 de la maçonnerie que M. Teulère employe dans le sien.

Ce projet consiste, Monseigneur, en un cône tronqué, qui est établi sur les pieds droits de la voûte de la chapelle et qui s'élève d'un seul trait jusqu'à la lanterne du phare, sa forme ronde et lisse, qui donne peu de prise au vent, et la direction de ses côtés qui porte directement sur une base déjà très solide sans exercer aucune poussée latérale, donnent à cette construction une très grande solidité.

La lanterne sera construite sur les dimensions données par M. Teulère, l'escalier pour y monter sera en bois et portera sur la voûte de la chapelle qui a une solidité très suffisante; pour cela, il laissera dans son milieu un noyau vuyde par lequel on pourra faire monter tout ce qui est nécessaire pour alimenter le phare ainsi que M. Teulère l'a proposé.

Un des grands avantages de cette nouvelle construction sera de pouvoir être achevée entièrement avant de démonter la lanterne naturelle; pour cela on aura l'attention, lorsque la maçonnerie sera montée jusqu'à la hauteur du feu actuel, de faire des arcades dans la maçonnerie pour laisser voir ce feu tout autour de l'horizon et on ne bouchera ces arcades que lorsque le nouveau feu sera établi.

Tel est en général, Monseigneur, le projet rédigé par M. Jallier, et sur lequel cet architecte a fait un mémoire assés détaillé, qui est joint à ses plans.

Je pense, Monseigneur, que la chose est maintenant assés discutée pour n'avoir pas besoin d'un nouvel examen et je vous propose d'envoyer le projet à M. de la Croix pour en faire faire les devis et estimation par M. Teulère et pour être exécuté de suite, lorsque vous aurés reçu les marchés et que vous aurés fixé l'époque du commencement du travail.

Je suis avec respect, Monseigneur, votre très humble et très obéissant serviteur.

Le chevalier de BORDA.

21 Août 1787. **COMPTE de recettes et de dépenses de la tour de Cordouan.**

Paris, 21 août 1787.

Année 1786.

Recettes	101,665 liv.	18 s. 11 d.
Dépenses	70,781	7 8
Il reste en caisse au 1ᵉʳ janvier 1787....	30,884 liv.	11 s. 3 d.

PRÉVOST DE LA CROIX.

LETTRE des Directeurs de la Chambre de commerce de Bordeaux à Prévost de la Croix.   22 Décembre 1787.

Bordeaux, le 22 décembre 1787.

. . . .

Quant à l'emprunt, Monsieur, que vous proposez à la Chambre de commerce, c'est avec regret que nous sommes forcés d'avouer qu'à cet égard cette Chambre n'est d'aucune ressource, elle n'a même pas les fonds nécessaires à l'entretien de ses charges; cette situation constamment obérée nous a déterminé à solliciter le Ministre de nous faire remettre la recette des feux de Cordouan, à charge d'entretien, parce qu'il nous paroit de toute justice que le produit d'une contribution du commerce serve, après son premier objet rempli, à fournir aux dépenses accidentelles dans l'intérêt du commerce, dont les occasions sont assés fréquentes. Si nous obtenions, Monsieur, la jouissance de cette caisse, nous emprunterions sur le produit de la recette et nous informerions les négociants du projet d'emprunt, dont nous ferions connoître les conditions par un programme qui offriroit au prêteur la sureté de l'emprunt.

                             Pour la Chambre : MAIGNER,
                                         Secrétaire.

LETTRE de Prévost de la Croix au Ministre de la marine.   25 Décembre 1787.

Bordeaux, le 25 décembre 1787.

Monseigneur,

J'ai différé de répondre aux lettres, dont vous m'avez honoré les 17 octobre et 24 novembre dernier, par lesquelles vous m'autorisez à faire des emprunts successifs pour mettre la caisse de Cordouan en état de faire face aux différentes dépenses qui doivent être à sa charge . . . . , ...

J'ai pensé que la chambre de commerce, en lui exposant l'utilité des travaux que l'on se propose de faire à la tour et aux balises de la côte [pourroit] sinon fournir les sommes nécessaires, du moins les procurer, et quoique quelques-uns de ses membres que j'avois consultés m'eussent assuré qu'elle ne rempliroit mon objet qu'autant que vous vous prêteriez à abolir le droit d'engage que payent les armateurs ou à céder à la Chambre le produit et l'emploi du droit de feu de la tour de Cordouan.

PRÉVOST DE LA CROIX.

---

10 Juillet 1788. **TOUR de Cordouan. Situation des travaux, année 1788.**

État de situation des travaux faits jusqu'à ce jour 1ᵉʳ juillet 1788, à la tour de Cordouan, relativement au projet d'exhaussement.

Le revêtement de la voûte de la chapelle est entièrement terminé et la 1ʳᵉ assise du cône est établie, le grand escalier est fini et les quatre premières marches de l'escalier de l'exhaussement sont prêtes à poser et, enfin, le cercle de fer destiné à retenir la nouvelle construction jusqu'à ce qu'elle ait fait corps avec l'ancienne est posé.

Valeur des ouvrages conformément au devis (suivant détail), total des ouvrages exécutés . . . . 32,241 liv. 8 s. 10 d.

Pierres tendres rendues à la tour (suivant détail) . . . . 10,162 10 »

Approvisionnements rendus à Royan (suivant détail) . . . . 12,431 10 »

A Cordouan, le 2 juillet 1788.

TEULÈRE.

Vu par nous, Commissaire des classes de la marine à Royan, le 10 juillet 1788.

GIRAULT.

Vu par nous, Commissaire général des ports et arsenaux de la marine, ordonnateur au département de Bordeaux.

PRÉVOST DE LA CROIX.

TOUR de Cordouan. Réparations, année 1788.   15 Juillet 1788.

Devis et détail estimatif des réparations à faire au mur d'enceinte de la tour de Cordouan et aux balises de la côte pendant le courant de l'année 1788.

ART. 1er.

Les chocs continuels de la mer dégarnissent les pierres du mur d'enceinte, cela occasionne des fontaines capables de faire sortir les pierres et de les faire casser par chaque scellement en fer qu'on avoit coutume de mettre pour les retenir,
total...................... 1,881 liv. » s. » d.

ART. 2.

La branche de la chaussée du côté du sud n'a point de glacis dans 11 toises de longueur, pour le faire en pierre coût.... 1,163   5   »

ART. 3.

Bois à changer pour le grillage de cette chaussée................... 30   6   8

A reporter.... 3,074 liv. 11 s. 8 d.

Report.....	3,074 liv.	11 s.	8 d.

ART. 4.

| Les réduits des gardiens à boiser..... | 426 | 13 | 4 |

ART. 5.

| Fourniture de pattes en plomb pour la couverture des magasins........... | 96 | » | » |

ART. 6.

| Fourniture pour le cabinet de travail de l'ingénieur.................... | 116 | » | » |
| Total général.... | 3,713 liv. | 5 s. | » d. |

A Bordeaux, le 15 juillet 1788.

PRÉVOST DE LA CROIX.

LEBRET.

Vu et approuvé :

Le Ministre de la marine, LA LUZERNE.

1er Août 1788.

SITUATION des travaux le 1ᵉʳ août 1788.

Depuis le 1ᵉʳ juillet jusqu'au 1ᵉʳ aoust il a été élevé neuf assises, l'établissement de l'escalier de l'exhaussement et les quatre premières assises de la voûte de cet escalier monté jusqu'à la moitié d'une révolution.

Total, 9,088 livres.

A la tour de Cordouan, le 1ᵉʳ août 1788.

TEULÈRE.

LETTRE de Prévost de la Croix au Ministre de la marine. 13 Septembre 1788.

Bordeaux, le 13 septembre 1788.
Monseigneur,

A la réception de la dépêche dont vous m'avez honoré le 6 de ce mois concernant les ouvrages qui s'exécutent à la tour de Cordouan, j'ai fait connoître au sieur Teulère que votre intention étoit d'éviter la nécessité d'établir un feu provisionnel de charbon de terre pendant l'hiver, vous m'autorisiez à lui prescrire, dans le cas où à l'instant où il recevra ma lettre le mur se trouveroit déjà élevé au-dessus du niveau de la corniche inférieure de la lanterne, à suspendre le travail et de me faire connoître à quelle hauteur ces murs seront portés au-dessus de ce même niveau, afin de prendre de nouveaux ordres à ce sujet, et je lui prescris en même tems de faire toutes ses dispositions pour préparer les matériaux et faire en sorte que le travail de l'année prochaine soit suivi avec la plus grande activité de manière à être terminé à la fin de l'année si cela est possible; aussitôt que cet ingénieur m'aura rendu compte des objets que je lui demande, j'auroi l'honneur de vous informer de l'état exact des choses.

Veuillez, etc.
PRÉVOST DE LA CROIX.

LETTRE de Prévost de la Croix au Ministre de la marine. 27 Septembre 1788.

Bordeaux, 27 septembre 1788.
Monseigneur,

. . . .

..... Les mauvais tems ayant empêché de faire parvenir à Cordouan ma lettre du 13 de ce mois au sieur Teulère avant le 22, cet ingénieur m'a répondu le même jour qu'il avoit sur-le-champ fait suspendre les

— 42 —

travaux, qu'il n'avoit fait monter le mur plein que jusqu'à 15 pouces au-dessus du sol de la lanterne, que le premier rang des reverbères étant élevé de 2 pieds 3 pouces au-dessus du dit sol, il se trouvoit encore d'un pied au-dessus de la dernière assise et que, par conséquent, le fanal paraîtroit tout entier comme cy-devant.

Le sieur Teulère m'ajoute que l'ouvrage fait, relatif à la surélévation de la tour de Cordouan, est à peu près au 3/4, et qu'il a tout disposé pour que celui qui restera à faire l'année prochaine, le soit entièrement au mois d'octobre, les matériaux étant tous rendus à la tour; il m'observe néanmoins qu'il sera nécessaire de reprendre les travaux à la fin de mars, au plus tard.

Veuillez, etc.   PRÉVOST DE LA CROIX.

---

30 Septembre 1788.   **SITUATION des travaux le 30 septembre 1788.**

État de situation des travaux et approvisionnements faits à la tour de Cordouan, conformément au projet d'exhaussement depuis le mois d'avril dernier jusqu'à ce jour 21 septembre 1788, que j'ai reçu les ordres de monsieur Prévost de la Croix, pour suspendre les travaux, conformément à la lettre du ministre du 6 septembre 1788 qui, en ordonnant la suspension, ordonne en même tems de faire les dispositions nécessaires pour continuer l'année prochaine avec la plus grande activité, de manière que ce retard n'en apporte aucun aux clauses de l'entrepreneur, qui sont de terminer cet ouvrage dans le courant du mois d'octobre de l'année 1789.

Les travaux faits et approvisionnements rendus tant à la tour qu'à Cordouan (suit le détail), s'élevant à la somme de 89,221 livres 0 sols 6 deniers.

A Cordouan, 30 septembre 1788.

                                              TEULÈRE.

Vu : GIRAULT.
Vu : PRÉVOST DE LA CROIX.

LETTRE de Prévost de la Croix au Ministre de la marine. 8 Novembre 1788.

Monseigneur,

J'ai vu par la dépêche, dont vous m'avez honoré le 1ᵉʳ de ce mois, que, d'après les observations qui vous ont été faites, que les travaux qui s'exécutent à la tour ne permettront d'y placer qu'en 1790 la machine imaginée pour la perfection des phares, qui a été construite à Paris, sous la direction de monsieur le chevalier de Borda et sous l'inspection de monsieur Lemoyne, le Roi a décidé que la machine actuelle seroit installée à la tour des Baleines, et qu'il en seroit sur-le-champ construite une nouvelle pour celle de Cordouan.

. . . .

(Suit l'avis de M. Prévost de la Croix, désirant que les travaux soient continués et que la première lanterne soit posée, les entrepreneurs s'étant engagés à terminer les travaux en 1789.)

Veuillez, etc.
                                PRÉVOST DE LA CROIX.

NOTES autographes du chevalier de Borda. 3 Février 1789.

Il seroit bien à désirer que monsieur Teulère trouvât le moyen de diminuer la grandeur de la lanterne du phare et de la réduire à 10 pieds de diamètre, si cela est possible.

Celle qu'on avoit faite pour l'expérience qui a eu lieu à Versailles n'avoit que 9 pieds 6 pouces de diamètre et le service s'y faisoit aisément.

Je ne crois pas qu'il faille ajouter à la machine des petits reverbères pour indiquer l'heure de la marée. Ces petits reverbères mettroient de la confusion dans les apparences du phare et leur utilité ne compenseroit pas leur dépense.

D'après cela, je suis d'avis que monsieur Teulère fasse un nouveau plan de sa lanterne dans lequel il n'y ait que les douze grands reverbères et qu'il termine la partie supérieure de la manière qui lui paroîtra la plus convenable pour donner une issue facile à la fumée des reverbères, Il est à propos d'envoyer à monsieur Teulère le plan de la machine éprouvée à Versailles et de le charger de toutes les dispositions relatives à son établissement.

Le chevalier de BORDA.

Paris, le 3 février 1789.

Nota. — Le ministre de la marine, monsieur de la Luzerne, écrivit dans ce sens le 7 février à monsieur l'ordonnateur Prévost de la Croix, à Bordeaux.

---

8 Mars 1789. **REQUÊTE des capitaines de navire demandant le rétablissement du feu à charbon de la tour de Cordouan.**

L'an mille sept cent quatre-vingt-neuf, le 8 mars.

Nous, capitaines de navires soussignés, disons :

Que le feu de *Cordouan en huile* ne nous est d'aucune ressource d'un mauvais tems, et que d'un tems ordinaire nous ne le voyons pas très souvent à la distance d'une lieue et demy et qu'au contraire nous en tirions un très grand avantage lorsqu'il étoit au *charbon*, plus y ventoit et mieux nous le voyions, nous en avions connoissance à cinq ou six lieues au large.

Nous demandons pour le bien général et particulièrement pour la sauvation des hommes qu'il plaise le remettre au charbon et non à l'huile.

Que les tours de *Chassiron* soyent différentiées de la tour des *Baleines*, tant pour le jour que pour la nuit, en foy de quoy nous avons dressé et signé le présent procès-verbal pour servir et valoir partout où besoin sera.

Suivent les signatures de :

P.-E. Cauvy, J. Guitet, Demigneaud, Desaint, Panneterie, Chapuy, L^{ce} Berton, Derobé, Duvergeot, Couturier, Fournié, Conte, Lannois, Duval de Dumalle, Garvery, Mathieu, G^{me} Dupin, Dumade, J^{ques} Conte, Cibaut de Nique, Laperche, B. Izard, Lourier, Jussan, Laclaverie, L. Laperche, Laborde, Giron, Dupeyrat, Deshayes, F^{que} Lucadou, J^h Perret, J. Labat aîné, G. Delribal fils, Faure

---

LETTRE du Chevalier de Borda au Ministre de la marine.   20 Avril 1789

Brest, le 20 avril 1789.

Monseigneur,

Le sieur Mulotin n'ayant pas le tems d'achever cette année une nouvelle horloge pour le phare de la tour de Cordouan, il me paroît convenable de se borner à faire fabriquer les douze nouveaux reverbères et l'axe qui sont nécessaires pour ce phare; mais en même tems, Monseigneur, je vous supplie de donner des ordres et des moyens au sieur Mulotin pour qu'il exécute les reverbères le plus promptement possible; il est à craindre sans cela que l'établissement ne soit retardé d'une année, ce qui seroit très nuisible à la navigation de la rivière de Bordeaux et exciteroit de justes réclamations de la part du commerce.

Je suis avec respect, Monseigneur, votre très humble et très obéissant serviteur.

Le chevalier de BORDA.

A Monseigneur le Ministre de la marine, Paris.

Bordeaux. — Imprimerie G. GOUNOUILHOU, 11, rue Guiraude.

www.ingramcontent.com/pod-product-compliance
Lightning Source LLC
LaVergne TN
LVHW020052090426
835510LV00040B/1667